Beatrix Haustein
Purpurrot

Beatrix Haustein
PURPURROT
Inzest ist Mord an der Seele

Nachwort
von Iris Galey

Zytglogge

Alle Rechte vorbehalten
Copyright by Zytglogge Verlag 1994
Lektorat: Johanna Kretschmer & Hartmut Witte
Umschlagbild: «Heulende Wölfe»
aus Bettina Egger «Der gemalte Schrei», Zytglogge 1991
Satz: Zytglogge Verlag Bonn
Druck: Paderborner Druck Centrum
ISBN 3-7296-0476-7
Zytglogge Verlag Bern, Eigerweg 16, CH 3073 Gümligen
Zytglogge Verlag Bonn, Plittersdorfer Str. 212, D 53173 Bonn
Zytglogge Verlag Wien, Strozzigasse 14-16, A 1080 Wien

«An Sylvester 1986 vergewaltigte mich mein Vater dermaßen, daß ich – mein Kopf zwischen den Sofalehnen eingeklemmt – fast erstickt wäre. Seitdem war ich keine Jungfrau mehr.» Dies geschah im damaligen Karl-Marx-Stadt/DDR und in einer «ganz normalen Familie. Tägliche Schläge gehörten zur strengen Erziehung.»

Im Januar 1990 bricht Beatrix Haustein erstmals ihr Schweigen, sie sucht zusammen mit einem Lehrer die Jugendhilfe auf. Es folgen Frauenarzt, Polizei sowie «Verhöre, Verhöre, Verhöre und eine Gegenüberstellung, die abgebrochen werden mußte, weil ich nervlich zusammenbrach.» Die Ehe der Eltern wird geschieden.

Beatrix Haustein schreibt: «Der Inzest geschah eigentlich überall – bei Verwandten, im Urlaub … Ich habe immer, während ich mißbraucht wurde, an Zahnarzt gedacht – fünf Minuten, dann ist es vorbei. Ich weinte die ganze Zeit. Es lag nur mein Körper da, meine Seele war tot.»

Und: «Es folgte eine Zeit mit Nervenzusammenbrüchen und Selbstmordversuchen. Ich hatte selbstzerstörerische Tendenzen: Tablettensucht, mit dem Kopf gegen die Wand schlagen, Haut aufschneiden, aufkratzen, Eßstörungen.»

Im Herbst 1991 wird der Vater zu einer Freiheitsstrafe von drei Jahren verurteilt. Er legt Berufung ein. Die zweite Verhandlung, ein Jahr später, kann nicht stattfinden. Auf dem Weg in den Gerichtssaal streitet er sich mit Journalisten und kehrt um. Die «Chemnitzer Morgenpost» schreibt mit Riesenlettern: «Vier Jahre Knast für den Chemnitzer Sex-Vater».

Das Kreisgericht Chemnitz-Stadt schreibt im Namen des Volkes: «Die Zeugin Beatrix Haustein gab zwar an, daß sie in mindestens 20 Fällen vom Angeklagten sexuell mißbraucht wurde, wovon mindestens sechsmal Geschlechtsverkehr und zweimal Schenkelverkehr vollzogen wurde. Auf genaueres Nachfragen hin erklärte sie jedoch, daß sie nicht mehr so genau sagen könne, wie oft und wann sie sexuell mißbraucht wurde, so daß zugunsten des Angeklagten von zwei Fällen des sexuellen Mißbrauchs von Kindern ausgegangen wurde.»

Gestützt auf die Gutachten von Sachverständigen nimmt das Gericht an, «daß Beatrix Haustein nach einem Suizidversuch zur Zeit ihrer daraufhin erforderlichen Behandlung zwar psychisch-soziale Störungen aufwies, dies aber nicht allein auf die Straftaten des Angeklagten zurückzuführen seien». Mitverantwortlich sind «sowohl die zerrütteten familiären Verhältnisse, als auch die Straftaten des Angeklagten jeweils im Zusammen mit der Tatsache, daß Beatrix Haustein sich zur Zeit der Tat gerade in der Vorpubertät befand». Darum weiß Richterin Müller, «daß bei dem Kind Beatrix Haustein keine seelischen Schäden aufgetreten sind» ...

Ich habe gelernt,
daß ich ein einsamer Käfig bin,
weil ich den Vogel
getötet habe.

Für meine Schwester

Mama was ist das

Mama hör' mich an
Die Blumen sind weg
hab' sie gestern noch gesehen

Mama hörst du nicht
Die Vögel sind stumm
gestern haben sie noch gesungen

Mama siehst du nicht
Die Wiesen sind schwarz
gestern waren sie noch grün

Mama so sieh doch
Bäume mit schrecklichem Gesicht
gestern waren sie noch freundlich

Mama bitte
Ich sehe die Sonne nicht
hab' sie immer gesehen

Mama was ist das
Ich mag Papa nicht mehr
und finde mich so schlecht

Halte deinen Mund
Sieh doch
es ist alles wie immer:

Nachtgebet

Lieber Gott,
ich war immer brav, sag mir,
was mit mir passiert.
Papa ist so anders als sonst,
ich weiß nicht, was das ist.
Ich fürchte mich davor.
Er hat bestimmt gemerkt,
daß ich wieder Schokolade genascht
und Geld aus Mamas Portemonnaie
genommen habe.
Bitte, laß ihn aufhören mit
diesen komischen Sachen.
Ich will auch immer artig sein.
                              Amen.

Brave Kinder

Mach' das,
Hast du nicht gehört
Ungezogenes Kind
Tracht Prügel
Zur Mäßigung deines Einfallsreichtums.

Gute-Nacht-Kuß

Zeit des Nebels
Ich wache auf
Papa am Bettrand

Hochgeschobenes Nachthemd
Finger am Körper
Oben und unten

Tränen über den Wangen
Messer unterm Kopfkissen
Schmatzende Lippen im Gesicht

Im frühen Morgenlicht

Sie liegt im schmalen Bett
fühlt sich sterben
Sie bleibt still
fühlt nun gar nichts mehr

Nun weiß sie:
geschafft
Sie war tot

Waschen der Leiche
diese hier hat es sehr nötig
Das Monster
hat sie blutig zurückgelassen

Seltsam im eigenen Bett
getötet zu werden
An einem normalen Ort
Alles unverändert

Doch alles scheint ungewohnt
Kleider die aussehen
wie ein Wolf
Angst sich zu bewegen

Schlechter Traum
Wahr oder nicht
Immer wieder geträumt
und tot

danach

nun stehe ich auf
beine bewegen sich schwer
alles schmerzt
blut tropft
zwischen den schenkeln hinunter

gefühle von ekel
gefühle von scham
gefühle von dreck

wasche mich schnell
bevor ein neuer angriff—
unertragbare stille
bitte nicht noch einmal

Das Flugzeug-fliegen-Spiel

Flugzeug fliegen nennst du es
packst mich
hebst mich hoch
bis an die Decke

Gefaßt zwischen den Beinen
unter meinen Armen
an meiner Brust
vor den Augen meiner Mutter
und der ganzen Verwandschaft

Deine Hände zwischen meinen Schenkeln
Ich will nicht mehr
Flugzeug fliegen spielen

Doch Mary schreit

Mary schließe deine Augen
– will's nicht sehen

Mary halte deine Ohren zu
– will's nicht hören

Mary halte deinen Mund
– will's nicht schreien

Doch Mary schreit laut
Die Welt bricht zusammen
– in ihren grundfesten Mauern

am 27.01.1990 brach
ich das Schweigen …

und was danach
geschah …

Die Redenschweigenverstörung

schweigen
schweigen schweigen
schweigen schweigen schweigen
schweigen schweigen schweigen geschrien

reden
reden reden
reden reden reden
reden reden reden verstummt

schweigen
reden
schweigen reden
reden schweigen
reden schweigen schweigen reden ZU
               rück
GEZOGEN

Mörder meines kleinen Mädchens

Kleines Mädchen in mir drin,
zeigtest Gefühl endlich nun,
hab' dich dafür geliebt.
Mein Herz schenkte ich dir,
war sicher, wir würden uns nie verlier'n.
Mein Apfelbaum, meine Helligkeit,
es wurde Zeit, wir war'n zusammen.

Erzähltest über vergangenen Schmerz,
brachtest mir immer neue Freunde,
und wir verbrachten mit ihnen
eine lange Zeit mit Reden.
Ich sah sie an, flehend um Hilfe,
damit ich dich nie verlassen brauche.

Gestern aber habe ich begriffen,
wie sie mich verlassen.
Und es ist Kochsalat!
Sie haben mich traurig gemacht
und dich zum Schweigen gebracht.
Kleines Mädchen,
ich werde nun Haß für dich haben,
aber ich habe nicht irgendeinen.

Nun, dein Mädchenkopf ist still.
Du kannst niemandem mehr sagen,
auf was du hoffst,
wie der Regen durch dich strömt.
Meine Liebe und dein Tod,
überspannt mit Tränen heiß und wild.
Mein Kummer für das Mädchen,
das ich liebte.

Ich stehe nun allein,
verstohlen wo die Schmerzen begannen.
Doch nur du
konntest auf diesen Weg achten.
Aber du bist tot
und kannst nicht mehr für mich schreien.

Ich bin ausgestreckt auf deinem Grab
und will dort liegen für immer.
Ich kann nicht warm schlafen
und ohne dich nicht leben.
Alles nähert sich mir in Furcht.
Nur auf die Sonne warte ich,
doch dazu brauche ich dich.
Aber sie werden mich wieder verlassen
und dich töten
mein kleines Mädchen.

Blutige Wolke

Klare blaue Wolke
schwebtest sacht
im Schutz von Himmel
und Schwesterwolken
Vögel umflogen deinen Glanz
vor einem Jahrtausend
roter Wolkenschmerz
fiel auf dich
wolltest dich retten
hast es nicht geschafft
dein Wolkenschaum
ist nun blutig
es fällt dir schwer zu fliegen
bist ohne Schutz
verlassen gleitest du
bist nicht rein genug
für die anderen
fliegst verblutet weiter

Die Wahrheit

Papa benutzt dich
Angst vor erwachsenen Frauen
Ausgeliefertsein vor seiner Mutter
Doch du bist jung

Ganz in seinem Zwang
Mit sexuellen Perversionen
Übersät mit Gleichgültigkeit
Doch du bist jung

Ganz in seiner Macht
Zerstörtes kindliches Vertrauen
Ohne Gedanken an dein Leben
Denn du bist jung

Vertraute

Solltet meine Vertrauten sein
Wolltet euch trennen
Von mir schon längst
Ungewisses überkam mich
Unwissen über das Wohin

Papa, wer bist du
Kamst zu mir ins Bett
Es passierte Unaussprechliches
Nacht für Nacht
Unverhinderbar

Rot vor Scham
Verschlossen aus Angst
Doch Papa einsperren
Das wollte sie nicht

Mama, warst ohne Benehmen
Haßte dich
Wie du mich
Läßt mich ohne Schutz
Ganz allein

Starb Nacht für Nacht
Nur für dich
Kein geteilter Schmerz
Traurigkeit, Angst oder Zorn
Nur wunderschönes Leben

Mama und Papa
Wer seid ihr
Habt mich geschlagen
Mißhandelt, mißbraucht und vergewaltigt
Und noch vieles mehr

Wollte eure Liebe
Eure Achtung, euer Wohlwollen
Schutz und Geborgenheit
War nie die Tochter
Die ihr euch gewünscht habt

Gespaltene Botschaften

Kannst mehr als andere
Bist sehr klug
Kannst dies und jenes
Bist unsere Schöne

Kannst überhaupt nichts
Machst nie etwas richtig
Wie du sprichst
Wie du aussiehst

Und ich blicke zurück
Wie schon so oft
Stelle die Frage
Bin ich endlich gut genug?

Marys Happy Vergewaltigungstag

Heut is'n schöner Tag,
Papa kam zu mir ins Bad.
Er ging mir an die Titten
Und küßte sie mit seinen Lippen.
Er streichelte sie ganz sacht
Und dann mit voller Macht.

Doch ihr wißt ja schon,
Daß ich das so sehr mag.

Dann wusch er sich die Hände,
In dem Wasser wo ich saß,
Und griff mir in die Muschi,
Was ich ja so sehr mag.

Doch heute Nacht kommt's noch besser,
Denn es ist so gutes Wetter.
Ich liege im Bett und schlafe schon,
Plötzlich höre ich Papas Schritte nun.

Es ist zwar schon sehr spät,
Doch ich mag,
Wenn Papa auf meinem Körper liegt.
Er stößt ganz kräftig in mich rein,
Und ich fange an zu schrei'n.
Doch wie ihr wißt,
Machen das Frauen nur so zum Mist.

Gibt mir'n Fünf-Mark-Stück, guter Lohn,
Könnt ich später für'n Hunderter tun.
Ihr habt doch gesagt,
Daß ich das so sehr mag.

Nachtragung

«Du magst es doch»,
hat er gesagt.
«Sie hat es doch gemocht»,
habt ihr gesagt.

Und sie lag blutig
auf ihrem Bett,
denn Papa hatte
sie so zurückgelassen.

Und alles geschah
ohne Erbarmen.
Der Ekel
bricht durch Tränen aus.
Stumme Schreie
gellen für immer
aus ihrer Seele.

Hast DU nicht gehört,
wie sie an DEINER Tür
klopfte wie wild.

Hast DU nicht gesehen,
wie sie DICH
mit flehenden Augen ansah.

Hast DU nicht bemerkt,
wie sie DIR
ihre kleine Hand entgegenstreckte.

Hast DU nicht gespürt,
daß ihr Rückgrat
zerbrochen ist.

Ein kleiner Körper:
junge zarte Haut,
beschmutzt, dreckig und verblutet,
liegt da,
verlassen, ungeschützt,
keiner hebt ihn auf.

Du magst es doch,
hat er gesagt.
Sie hat es doch gemocht,
habt ihr gesagt.
Wollt ihr auch so'n
«Happy Vergewaltigungstag» –

Märchen vom Krokodil

Verlassener Bahnsteig
Ein Kind auf der Bank
Ohne Schuh und allein
Im neuen Kleid ein langer Riß

Vereint mit ihr auf einer Bank
In einer purpurroten Seele
Das kleine Mädchen erzählt
Ein mir bekanntes Märchen
Jenes vom nächtlichen Krokodil:

immer wieder geträumt
wunderschöne Farben verblaßt
unterm Bett ein rotes Krokodil
tränennasses Kopfkissen
zarte Pflanze qualvoll zertreten
eine ungescheute Unschuld
es bleiben unfaßbare Träume

die Nacht ist zu leise
ein kleines Mädchen ohnmächtig
schutzlos gegen seelenfressendes Krokodil
der Teddy?
der ist schon seit gestern im Ofen drin
mit leisen Fingern voller Schrei
berührt sie das Unbegreifliche

Verlassener Bahnsteig
Ein Kind auf der Bank
Allein ohne Schuh
Kühler Wind
Durch die Dunkelheit dringt höhnisches
Lachen

Ich würfle um unser Schicksal
Ich würfle lange
Die Jahre zeigen kein Erbarmen –
Das Krokodil gewinnt

Nachtgrauen

Licht scheint durch die Tür
liege in der Hölle
Ich verschloß die Tür
kein Eingang zu mir

Und doch
spüre Papa im Nacken
überall im ganzen Raum
spüre seine Hände
überall am ganzen Körper

Er sitzt im Schrank
lauert unterm Bett
ist hinterm Fenster
Muß alles durchsuchen
meine Chance auf Nachtruhe

Ich möchte nichts hören
keine Stimme der Nacht
Nur einschlafen und morgen
wenn Gott will
werde ich wieder aufwachen

Gegenwärtig

Diese Nacht sehe ich dich
Wieder an meiner Bettkante
Siehst mich an
Bekommst glühende Augen
Verwandelst dich
In ein rotes Krokodil
Sehr rot

Ich halte mir die Augen zu
Will nichts sehen
Keine dieser erschreckenden Monster
In die du dich verwandelst

Doch deine Stimme
Klingt schauerlich in meinem Ohr
Eine schleichende erregte Stimme
Ich halte mir die Ohren zu

Sein ekliger Körper
Sein gehetzter Atem
Alles gegenwärtig
Und doch Ewigkeiten zurück

Machtlos

Stehe auf der Brücke
Mary fährt Schlittschuh
Kristallklares Eis
Ich sehe hindurch
Beobachte mit Entsetzen
Monster und Haie
Mit riesigen Mäulern
Durchstoßen das Eis
Krokodile und Schlangen
Mit langen Schwänzen
Wollen Mary verschlingen
Versuche zu schreien
Sie verzweifelt zu warnen
Doch ich bin machtlos

ich habe dich lieb

lege den hörer
aus zittriger Hand
die mutter meines vaters
ich habe dich lieb
ihre worte aus dem apparat
ich mache die augen zu
reiße den mund auf –
tonloser schrei

das blut steigt
mir in den kopf
ich breche zusammen
fühle mich schuldig
wie der letzte dreck
und verlassen
letzter griff zum körper –
erleichterung wie immer

Sprachlos

steif und still
absolut stumm
sitzt sie da
lebt sie überhaupt noch?

scheint tot zu sein
gefühlstote aufgekratzte Arme
die Beine sind häßlich
sie überdeckt sie
das Gesicht gleicht dem Monster
das sie haßt
die Seele ist verschüttet
durch Wunden und Narben
man hat sie geschlachtet

alles blutrot und verschandelt
und die Nabelschnur
mußte sie längst abtrennen

Mama

Mary suchte sie
Mary sucht sie
Und Mary sucht
Sie immer noch

Sehnsucht nach einer Mutter

Diese Sehnsucht versperrt
die Luft zum Atmen
Sehnsucht nach dem
was man Mutter nennt
Ich habe Sehnsucht
wie schon so oft

alles alleine durchstehen
ohne schutz
ich habe angst
heule mir die lider wund
und strecke
meine kinderhand ins leere

Plötzlich durchkommt mich
ein Hauch von Hoffnung
der mich durch die Winde treibt
Lang lang wehe ich dahin
Ich schwebe mit der Sehnsucht
in einem Traum
den ich festhalte

erinnerungen

für uta fehlberg

die nacht
in dem schatten von der schlehe
der mond schien leicht
sterne leuchteten hell
leichter wind
strich uns übers haar
farbig wunderschöner traum
der geruch von flieder
stieg empor
dunkelsamtene klänge
im ohr

– eine sehr ferne melodie
nie wiederkehrend?
ich halte mir die ohren zu
voller sehnsucht
ich seh'
den mond nicht mehr
sterne
leuchten nicht mehr
will
nichts mehr hören

… denn die pfütze war rot

Warum verpackt ihr meinen

SCHREI

in Pappkartons?

Bitt're Verzweiflung

das Herz zerspringt
Tränen laufen
über die Wangen
alles zerreißen
alles zerschlagen
in Luft auflösen
brüllen schreien
bis das Herz zerspringt

doch es kommt
kein Ton
die Kehle ist zugeschnürt
keine Kraft
sich zu bewegen
nur schweigsam
eine Hand hinhalten
nur Augen voll Trauer

Mehr als Liebe

Oh Mary
wo bist du hin
wollte dich nicht töten
ich liebe dich doch
bitte komm doch zurück
wir versuchen es nochmal
wir beide
ich brauche dich doch
oh bitte
komm doch zurück
wir bauen den Weg neu
den Weg für uns beide

Unschuldig

es schneit
sehr reiner Schnee
unsere selbsternannte Schuld
wird weiß bedeckt

ich laufe im weißen Kleid
dir entgegen oh Mary
ich tanze mit dir
im weißen Schnee

wir öffnen den Mund
Schneeflocken tanzen hinein
fließen durch die Blutbahn
und wir leben neu

wir liegen im warmen Weiß
Hand in Hand
schauen zu den Federwolken
alles rein um uns

nur von Papa
tropfen rote Schuldtropfen
in den weißen Schnee
oh Mary wir sind unschuldig

Ihr denkt: gutes Werk,

wir haben ihn verklagt.

Doch ihr Ankläger,

ihr habt mich verklagt.

Opferhilfe

Die besondere Lebenslage
in die Sie als Mutter
einer sexuell mißbrauchten Tochter
geraten sind

erfordert einen Erholungsaufenthalt
geldlicher Betrag steht zur Verfügung
Rechtsanspruch auf weitere Hilfe
ist nicht begründet

Wir hoffen
in der geschilderten Straftat
geholfen zu haben.

Referent für Opferhilfe und RECHT

Denn sie waren blind

Früh am Morgen
Mittel zum Aufputschen bereit
Zittern am ganzen Körper
Sehr blaue Augenringe
Die Straße voller starrer Menschengesichter

ruhig, beinahe apathisch
saß sie gestern im gerichtssaal

Ich trete ein
Menschenmassen im Saal
Ihre Blicke treten mich tot
Fester Schritt aufrechter Gang
Die starke Frau

ruhig, beinahe apathisch
saß sie gestern im gerichtssaal

Reporter wollen alles
Möglichst ein Foto von ihm
Ein Schlag in die Kamera
Er schleicht sich davon
Die Zeitungsstory ist perfekt

ruhig, beinahe apathisch
saß sie gestern im gerichtssaal

Er ist weg
Berufung eingestellt
Paragraphen rasseln
Den Berg hinunter
Keiner hält sie auf

ruhig, beinahe apathisch
saß sie gestern im gerichtssaal

Es gibt fröhliche Richter
Mit einem kurzen Arbeitstag
Es gibt enttäuschte Zuschauer
Müssen ohne Story nach Haus'
Doch da ist noch wer –

gestütztes Kreuz, ein Schein
zum Zerbrechen bereit

Sie nannten es Apathie

Auf der kahlen Wand
ein starrer Blick,
sie zählt die Blumen
von oben nach unten.

Sie zerschmeißt die Gläser
und Bierflaschen mit Erinnerungen
und legt sich selbst
in die Scherben rein.

Sie ist längst
in einer anderen Welt,
eine Welt,
die ihr nicht kennen könnt!
(seid froh!)

Im Namen des Volkes,

gemäß § 154 a StPO,
gemäß § 148 Abs.1 StGB der DDR,
gemäß § 53 StGB,
gemäß § 54 StGB,

§ 176 Abs.1 StGB
ist nicht anzuwenden,
§ 173 StGB
blieb unberücksichtigt
gemäß § 152 StGB der DDR,
§ 148 Abs.2 StGB der DDR
konnte nicht zweifelsfrei
erwiesen werden

zugunsten des Angeklagten sprach

P.S. Ich wollte Gerechtigkeit.

«Wer in der Opferrolle stecken bleibt, wird zum Komplizen des Täters!»
Iris Galey

Beatrix Haustein lernte ich in der Lila Villa der Pro Familia in Chemnitz kennen. Ich las dort aus meinen Büchern über den Inzest in meiner Kindheit. Ich wurde von meinem Vater unter Mordesdrohung vom neunten bis zum 14. Lebensjahr sexuell mißbraucht. Als ich das Schweigen brach, erschoß er sich. Mich steckte man in ein Mädchenheim.

Es tut jedes Mal unheimlich weh, und es braucht immer wieder neuen Mut, mich mit diesem Thema auseinanderzusetzen. Aber das Schreiben und Reden darüber kann die Rettung vor dem Durchdrehen oder dem Sterben-Wollen bedeuten. Es ist unsere Art des Überlebens, um vielleicht eines Tages zum ‹echten Leben› zu finden.

Die Verletzung durch den Inzest sitzt so tief, weil das Innerste und Intimste zerstört wurde. Wenn aus dem Mysterium des Geschlechtes Ei und Samen zusammentreffen und ein neuer Mensch mit einer eigenen Seele entsteht, bedeutet es ein Urverbrechen, wenn ein Mensch hier einbricht, nimmt, ge-braucht, mißbraucht. Die

Nichtachtung des neu entstehenden Menschen zerstört das Himmelreich der Liebe, schlägt eine unverzeihliche Wunde, versperrt auch jeden Glauben, da sich das Inzestopfer von Gott und der Welt verlassen fühlt.

Ich bin inzwischen 57 und muß immer noch beim täglichen Aufwachen ‹vernünftig› mit mir sprechen, um das Loch im Bauch, den Stein auf der Brust aus dem Weg zu schaffen.

Warum so viel Getue wegen dem bißchen am Po rumfummeln? fragen viele. Wir wissen, daß kein Mensch überleben kann ohne Zuwendung. Vom Herzen kommende Zuwendung erst gibt das Gefühl, überhaupt vorhanden zu sein, Zuneigung, Liebe, Achtung, Anerkennung und Interaktion ‹zu verdienen›. Nur so wird einem Menschen die Substanz und die Möglichkeit gegeben, die eigene Realität zu erkennen, aus der Identität entwickelt werden kann. Ohne Zuwendung fühlt sich ein Mensch unsichtbar und sprachlos, nicht beachtenswert, ohne Wert.

Mißbrauch ist das Gegenteil von Zuwendung. Da ein Kind Mißbrauch mit Zuwendung verwechselt, um den Inzest überhaupt aushalten zu können, wird es auch später ‹negative Zuwendung› mit Liebe verwechseln, wird glauben, es verdiene ‹solche Liebe›. Der mißbrauchte Mensch glaubt sich oft ein Leben lang der Liebe und Anerkennung nicht wert. Neben dem sexuellen Mißbrauch gibt es nämlich viele subtile, kaum erkennbare Arten der täglichen Mißhandlung, z.B. das Bestrafen durch tagelanges Schweigen.

Menschen, die ohne Selbstbewußtsein heranwachsen, sind verdammt zu einem Leben unter dem Zwang, ständig für sich werben, es immer allen recht machen, sich stets vergleichen zu müssen. Immer sind sie gezwungen, sich das Lebensnotwendige zu er-*werben*. Die Folge ist eine Verkrampfung, die den mißbrauchten Menschen prägt wie ein Kainsmal. Dieser verzweifelte Überlebensmechanismus demütigt und bewirkt oft das Gegenteil des Ersehnten. Das Opfer scheint sich ‹kriechend› zu benehmen und schreckt dann oft ab durch unbewußt selbstzerstörerisches Handeln. Das ständig sich rechtfertigen und sich entschuldigen, nervt in trauriger Weise die Umgebung, z.B. wenn meine Tochter zu mir sagt: «Dein Lächeln geht mir auf die Nerven.» Das hört erst auf, wenn das Opfer glauben und wissen kann, daß es genauso liebenswert ist wie die anderen und dieselben Rechte und Möglichkeiten hat.

Auf blinden Gehorsam dressiert und ohne Selbst-
wertgefühl sind mißbrauchte Menschen inner-
lich verstümmelt. Das Heilen der unsichtbaren
Wunden braucht lange Zeit, viel Energie und ein
neues Lernen, das uns niemand beibringt. Der
Weg der Heilung wird noch erschwert durch den
Druck und die Ungeduld und die neue, *krankma-
chende Erwartungshaltung* der Umgebung: daß
man uns das Gefühl gibt, ‹doch endlich mit dem
Quatsch aufzuhören›, daß wir uns ‹sputen› sollen, uns ‹nicht so anstellen› und doch bitte mal
rasch heilen und o.k. sein sollen.

Zuerst machte uns die Lieblosigkeit des Mißbrauchs krank. Nun läßt uns die Lieblosigkeit
der Umgebung keine Heilung finden. Je mehr
sich das Opfer bemüht, aus den Zwängen her-
auszukommen, desto mehr verstrickt es sich und
wird vielleicht gerade deshalb verachtet. Oder es
wird von den Angehörigen zum Sündenbock
gemacht, von der Mutter z.B. wegen ihrer Schuldgefühle, oder weil sich die Kinder der Opfer zu
kurz gekommen fühlen.

Niemand will wahrnehmen, daß die Opfer krank
sind. Und die Ahnung des Nicht-verstehen-Kön-
nens erzeugt dem Opfer gegenüber Hilflosig-
keit, nicht artikulierte Schuldgefühle.

Wenn Schlimmes passiert wie ein Unfall, Tod eines Nahestehenden, Folter, dann wissen es alle und nehmen Anteil. Das Inzest-Kind hingegen muß jahrelang so tun, als sei es glücklich, weil es die Familie vor der Zerstörung schützen möchte. Mit der Vergewaltigung, dem Seelenmord, dem Tod der Liebe und der Unschuld, mit dem Verrat der Eltern, muß es allein im Verborgenen fertig werden. Das Inzestopfer ist immer einsam, überfordert und verängstigt.

Inzest und Mißbrauch hören nicht auf, wenn der Mißbrauch selbst aufhört.

Meine erste Ehe scheiterte. Sex war für mich eine eklige Pflichtübung. Den Erwartungen meines Mannes war ich nicht gewachsen. Ich wurde deshalb geschlagen. Mein kleines Kind brachte ich meiner Mutter, und ich suchte Hilfe in einer Klinik, da ich nur noch sterben wollte. Das Ergebnis war, daß mein Mann mir das Kind wegnahm und sich scheiden ließ. Der Mißbrauch ging weiter: Ich durfte mich nicht einmal vor Gericht wehren.

Ich wurde Gymnastiklehrerin, und erst mit 30 Jahren heiratete ich noch einmal. Dank der Zuverlässigkeit, Geduld und Liebe meines zweiten Mannes, der trotz meines zerstörerischen Verhaltens zu mir hielt, konnte ich den Weg der Heilung nehmen. Vor allem jedoch durch das Schreiben. Dieser Weg war ein schmerzvoller, ein Weg ‹unten durch›.

Nach jedem meiner drei Bücher wurde ich von meiner Mutter, meiner ersten Tochter und ihrem Ehemann mehr kritisiert und abgelehnt. Ich sah dabei nicht, daß sie dazu nicht das Recht hatten, daß sich hier der Mißbrauch fortsetzte. Gut dressiert in meinen Zwängen warb ich weiter um sie, reiste immer wieder von Neuseeland, wohin ich mit meinem Mann ausgewandert war, in die Schweiz zurück. Ich sehnte mich nach Mutter und Tochter und ihren Kindern, machte mir ein schlechtes Gewissen, daß ich für sie nicht vorhanden sein konnte. Ich lebte an meinem eigenen Leben vorbei, arbeitete nur noch für die Flugtickets und für die Geschenke für meine Familie in der Schweiz und gleichzeitig für meine Familie in Neuseeland. Ich schrieb in beide Richtungen ununterbrochen Briefe, schickte Geld und mehr Geschenke – alles, um bei meiner letzten Reise in die Schweiz endgültig hintergangen, verraten und abgelehnt zu werden.

Als ich meiner Familie Flugtickets schickte, weil sie uns zur Versöhnung in Neuseeland

besuchen wollten, wurden diese in Geld umge-
tauscht, und uns wurde zwei Tage vor dem
Abflug abgeschrieben. Mißbrauch. «Ich muß
dich nach meiner schweren Kindheit aufs Eis
legen», sagte meine Tochter, «da es mich zu sehr
schmerzt, wenn du so weit weg bist.» Nun darf
ich sie und meine drei Enkel nicht mehr sehen.
Und meine Enkel mich nicht, ‹da ich die böse
Großmutter› bin. Die Mißbrauch-Tragödie geht
weiter. Aber: Ich habe jetzt (!) gelernt, daß es *ihr*
Problem und *ihr* Verlust ist, wenn sie keinen
Kontakt mehr mit mir wollen. Ich *muß* den
Schmerz nicht mehr annehmen. Ich darf die
Qualität *meines* Lebens selbst bestimmen.

Dr. Walther Lechler, in dessen Seminar ich über
Inzest sprach, sagte mir: «Laß Rosen auf deinem
Mist wachsen, statt dich vom Mist begraben zu
lassen.» So arbeite ich täglich daran, es mir
besser und besser gehen zu lassen. Ich *kann* mich
verwöhnen, mich lieb haben und es mir gut
gehen lassen!

Meine Mutter wollte nie, daß ich ohne sie glücklich bin. Sie sagte: «Mir ist nur wohl, wenn du da
bist. Und wenn du nicht in Harmonie mit mir
lebst, wird es dir nie wohl sein.» Als ich vier war,
sperrte sie mich in die Wohnung ein und sagte:
«Ich gehe jetzt in die Stadt, weil du nicht brav

warst. Und wenn ich unter eine Straßenbahn komme, bist du schuld. Wenn du mir nicht gehorchst und ich sterbe, wirst du es morgen bereuen.» Bis vor kurzem noch hatte ich diese ständige Angst vor ihrem Sterben. Erziehung hieß für meine Mutter, nach außen eine ‹gute Mutter› sein, und das Aushängeschild einer ‹guten Mutter› ist eben: das ‹brave Kind›, keine eigenen Gedanken, Handlungen oder Bewegungen. Mein Vater hat mich über vier Jahre gepeinigt und mir die Freude an der Sexualität für lange Zeit verdorben und pervertiert. Meine Mutter schädigte mich emotional von Anfang an und fortwährend immer weiter.

Genausowenig wie wir zulassen müssen, daß jemand uns unglücklich macht, ist kein anderer Mensch dafür *verantwortlich*, uns glücklich zu machen. Abhängigkeit in einer Beziehung führt zu ihrem langsamen Sterben, da sich die Beteiligten aufgeben und das eigene Leben verpassen. Je weniger Erwartungshaltungen wir an andere haben, desto weniger werden wir in die Falle gehen, selber kontrollierend oder manipulierend zu sein. Nur so können wir die zwanghaften Muster durchbrechen und verhindern, daß wir auf irgendeine verborgene Art wieder andere Menschen mißbrauchen, zu heimlichen Tätern werden.

Wer in der Opferrolle stecken bleibt, wird zum Komplizen des Täters!

Wie gut kenne ich die abgrundtiefe Verzweiflung in Beatrix Haustein. Wie gut den Drang, nicht weiterleben zu wollen. Ich kann aus meinen Erfahrungen mit-fühlen und mit-teilen.

Beatrix Haustein schafft es mit ihren Gedichten, den Leidensdruck in positive Energie umzusetzen, die hilft, ‹Rosen auf dem Mist› erblühen zu lassen. Sie macht Mut, das Schweigen zu durchbrechen.

Inhalt

Iris Galey
«Ich weinte nicht, als Vater starb»
Iris Galey gehört zu den wenigen Opfern sexuellen
Kindsmißbrauchs, denen es gelingt, das Schweigen
über den an ihnen verübten Inzest zu brechen. Iris
Galeys Geschichte macht betroffen, läßt keine Di-
stanzierung zu und macht klar, daß das Tabuthema
Inzest von uns allen nicht länger unangetastet bleiben
darf.   ISBN 3-7296-0287-X

Anne Stettbacher
«UN-ge-HÖRT»
Tägliche Kinds-Mißhandlungen
Kindsmißhandlungen, von der Prügelstrafe bis zur
perfiden psychischen Züchtigung, spielen sich nicht
nur vereinzelt ab. Die echten Nöte, Schmerzen und
Sorgen des Kindes bleiben ungehört, weil man/frau
nicht fühlen oder sich vorstellen will, wie es in solch
einem Kind aussieht.   ISBN 3-7296-0258-6

Bettina Egger
«Der gemalte Schrei»
Geschichte einer Maltherapie
Dieses Buch bringt neue Erkenntnisse für die Kunst-
therapie. In 73 eindrücklichen Bildern rollt eine er-
greifende Geschichte ab, die zunächst um ein Inzest-
erlebnis in der Kindheit kreist, jedoch immer mehr
zum Bewältigungsprozeß wird. Wichtige Erkenntnis
ist u.a., daß Kreation vor Einsicht stattfindet. Beson-
ders beeindruckend an dieser Maltherapie ist die
sichtbar heilende Kraft der Bilder.
                                         ISBN 3-7296-0382-5